Christine von Pufendorf

Mitmach-Krimis für Klasse 1/2

Motivierende Krimigeschichten zur Förderung von Lesekompetenz & Feinmotorik

Wir haben uns für die Schreibweise mit dem Sternchen entschieden, damit sich Frauen, Männer und alle Menschen, die sich anders bezeichnen, gleichermaßen angesprochen fühlen. Aus Gründen der besseren Lesbarkeit für die Schüler*innen verwenden wir in den Kopiervorlagen das generische Maskulinum.

Bitte beachten Sie jedoch, dass wir in Fremdtexten anderer Rechtegeber*innen die Schreibweise der Originaltexte belassen mussten.

In diesem Werk sind nach dem MarkenG geschützte Marken und sonstige Kennzeichen für eine bessere Lesbarkeit nicht besonders kenntlich gemacht. Es kann also aus dem Fehlen eines entsprechenden Hinweises nicht geschlossen werden, dass es sich um einen freien Warennamen handelt.

1. Auflage 2024

Autor*innen: Christine von Pufendorf
Covergestaltung und -illustration: Nicole Sandner, Neusäß
Illustrationen: Kristina Klotz, München
Satz: Typographie & Computer, Krefeld
Druck und Bindung: Druckerei Joh. Walch GmbH & Co. KG
ISBN 978-3-403-**08926**-1

www.auer-verlag.de

Inhaltsverzeichnis

Liebe Lehrkräfte,

tauchen Sie zusammen mit Ihren Grundschulkindern in die faszinierende Welt der Mitmach-Krimis ein! Dieser Band ist randvoll mit verschiedenen spannenden Abenteuern, speziell zugeschnitten auf das Niveau der jungen Leserinnen und Leser in den Klassen 1 und 2. Hier werden die Kinder nicht nur zum Lesen eingeladen, sondern auch dazu ermutigt, aktiv an der Handlung der jeweiligen Geschichte teilzunehmen.

Sobald die Kinder die Seiten eines der kleinen Mitmach-Krimi-Büchlein aufschlagen, werden sie von der Geschichte mitgerissen und vom Buch zu einer aufregenden Reise eingeladen. Die Krimi-Geschichten sind altersgemäß angepasst, stark reduziert und harmonieren mit der Lebens- und Erfahrungswelt der Kinder. Gemeinsam mit dem Buch lösen die Grundschulkinder knifflige Fälle und dürfen dabei nicht nur lesen, sondern auch schneiden, malen, kleben und rätseln – einfach mitmachen!

Dadurch fördern Sie auf vielfältige Weise nicht nur die feinmotorischen Fähigkeiten der Kinder, sondern ermöglichen auch die kreative Gestaltung der Geschichte. Das Material bietet den Kindern die Möglichkeit, ihre Lesefertigkeiten zu trainieren und die Inhalte auf spielerische Weise zu erfassen. Die vielfältigen Übungen laden dazu ein, Texte aktiv zu erleben und kreativ damit umzugehen. Aber die Mitmach-Krimis fördern nicht nur die Lesekompetenz der Kinder, sondern bereiten auch jede Menge Spaß – denn Kinder lieben Krimis, Geheimnisse und Rätsel! Durch die spannenden Themen und rätselhaften Fälle wird die Neugierde der Kinder geweckt und ihre Lesefreude wird nachhaltig gefördert.

Ich wünsche Ihnen und Ihren Grundschulkindern viel Vergnügen beim gemeinsamen Entdecken der kleinen Krimi-Geschichten und natürlich beim aktiven Mitmachen!

Christine von Pufendorf

So kann mit den Mitmach-Krimis im Unterricht gearbeitet werden:

Zu Beginn führt die Lehrkraft die Mitmach-Krimis in der Klasse ein und zeigt den Kindern, wie ein Mitmach-Krimi-Büchlein gebastelt werden kann. Dazu gibt es verschiedene Möglichkeiten. Zuerst werden die Seiten ausgeschnitten. Dies kann natürlich gerade in Klasse 1/2 auch im Vorfeld von der Lehrkraft mithilfe einer Schneidemaschine übernommen werden. Anschließend werden die grauen Flächen auf der linken Seite dünn mit Kleber bestrichen und entsprechend nach hintereinander folgenden Seitenzahlen aufeinander geklebt. Alternativ können die einzelnen Mitmach-Krimis auch zusammengetackert oder kopiert, gelocht und in einen Schnellhefter (pro Kind) eingeordnet werden. Und schon beginnen Lesespaß und Feinmotoriktraining!

Folgende Icons dienen als Unterstützung bzw. zur optischen Entlastung beim Lesen der Arbeitsaufträge für die Kinder.

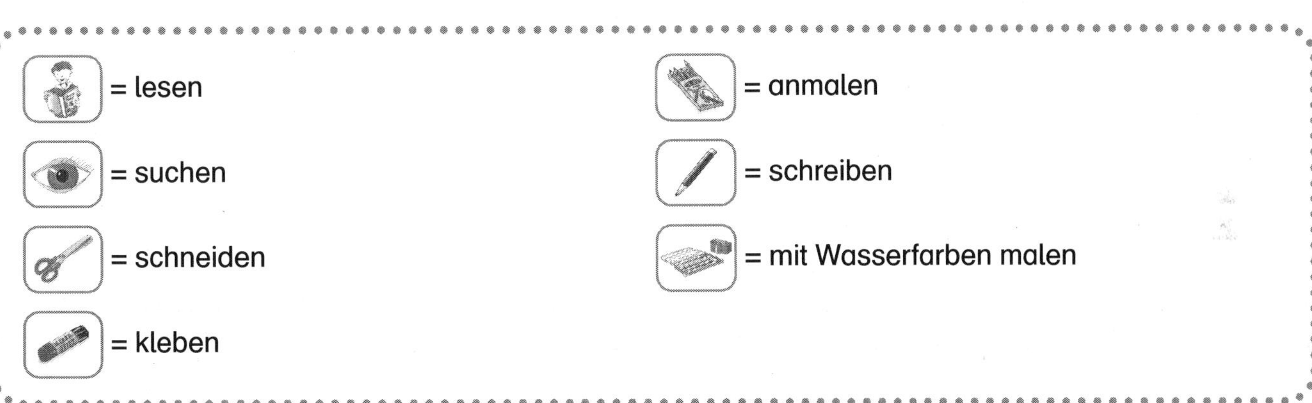

Mitmach-Krimi: Wo ist Ferkel Fred?

Geschichte: Die Kinder werden bei diesem Mitmach-Krimi von Anfang an in eine spannende Situation versetzt, in der sie gemeinsam mit den Kindern Tom und Lisa als Detektivkinder das Rätsel um das verschwundene Ferkel Fred lösen müssen. Die Handlung der Geschichte führt die Kinder nach einigen spannenden Abenteuern auf dem Bauernhof und in der umgebenden Natur schließlich zur Vorratskammer, was eine unerwartete und lustige Wendung bietet.

Kopiervorlagen:

Da auch die feinmotorischen Fähigkeiten „Schneiden und Kleben" gefördert werden sollen, gibt es zu jedem Mitmach-Krimi einige Kopiervorlagen, aus denen Inhalte ausgeschnitten und in das Mitmach-Krimi-Büchlein geklebt werden können. Die Kopiervorlagen 3 und 4 können zum Basteln von der Lehrkraft am Kopierer vergrößert werden.

- Kopiervorlage 1: Kleidung für Lisa **(KV 1)**
- Kopiervorlage 2: Kleidung für Tom **(KV 2)**
- Kopiervorlage 3: Motive für den Stall **(KV 3)**
- Kopiervorlage 4: leerer Stall **(KV 4)**

Zusätzliche Materialien:

Folgende zusätzliche Materialien werden für die weitere Arbeit mit dem Mitmach-Krimi „Wo ist Ferkel Fred“ benötigt:

- Schere, Kleber, Buntstifte, Bleistift
- Zeitungen, Zeitschriften etc.
- ein kleines Stäbchen aus Holz pro Kind und ein weißes DIN-A4-Blatt (Damit wird ein Besen gebastelt, um die Gans Gustav zu vertreiben.)
- ein Stempelkissen

Mitmach-Krimi: Die Schatzsuche

Geschichte: Bei dieser Mitmach-Krimi-Geschichte erleben die Kinder eine spannende Urlaubsreise auf eine Insel. Das Thema „Schatzsuche“ ist sehr beliebt und regt die Vorstellungskraft der Schüler*innen an. Bei dieser aufregenden Schatzsuchgeschichte steht zuerst die Frage: „Wo ist nur der Schatz?“ im Fokus. Eine rätselhafte Nachricht führt zu einer abenteuerlichen Suche und endet in einer mutigen Rettungsaktion. Kombiniert wird die spannende Handlung mit Umweltaspekten (wie z. B. Müll im Watt).

Kopiervorlagen:

Da auch die feinmotorischen Fähigkeiten „Schneiden und Kleben“ gefördert werden sollen, gibt es zu jedem Mitmach-Krimi einige Kopiervorlagen, aus denen Inhalte ausgeschnitten und in das Mitmach-Krimi-Büchlein geklebt werden können. Bei Bedarf können die Kopiervorlagen für die Bastelideen von der Lehrkraft am Kopierer vergrößert werden.

- Kopiervorlage 1: Schatzkarte **(KV 1)**
- Kopiervorlage 2: Tipps **(KV 2)**
- Kopiervorlage 3: Bastelvorlage: Laterne **(KV 3)**
- Kopiervorlage 4: Höhle aus Schuhkarton **(KV 4)**
- Kopiervorlage 5: Knickfiguren **(KV 5)**

Zusätzliche Materialien:

Folgende zusätzliche Materialien werden für die weitere Arbeit mit dem Mitmach-Krimi „Die Schatzsuche“ benötigt:

- Schere, Kleber, Buntstifte, Bleistift
- Zeitungen, Zeitschriften
- Steine und kleine Stöcke, ein Schuhkarton

Mitmach-Krimi: Das zerstörte Bild

Geschichte: Die Handlung dieses kleinen Mitmach-Krimis ermöglicht es den Kindern, ein soziales Thema – das Zerstören von Kunstwerken in einer Schule – durch Lesen und Mitmachen zu erkunden. Die Identifizierung des Täters und die sich anschließende gemeinsame Reparatur fördern soziale Kompetenzen und Teamarbeit. Hier gibt es auch viele Aufgaben für die Kinder, um ihre künstlerischen und feinmotorischen Fähigkeiten schulen. Der Mitmach-Krimi eignet sich daher besonders zum fächerübergreifenden Einsatz im Deutsch- und Kunstunterricht.

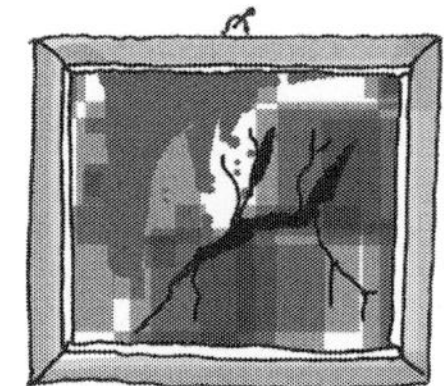

Kopiervorlagen:

Da auch die feinmotorischen Fähigkeiten „Schneiden und Kleben“ gefördert werden sollen, gibt es zu jedem Mitmach-Krimi einige Kopiervorlagen, aus denen Inhalte ausgeschnitten und in das Mitmach-Krimi-Büchlein geklebt werden können.

- Kopiervorlage 1: Glühbirne **(KV 1)**
- Kopiervorlage 2: Puzzle: Tim **(KV 2)**
- Kopiervorlage 3: Gemeinschaftsbild **(KV 3)**

Zusätzliche Materialien:

Folgende zusätzliche Materialien werden für die weitere Arbeit mit dem Mitmach-Krimi „Das zerstörte Bild“ benötigt:

- Schere, Kleber, Buntstifte, Bleistift
- weißes Papier (Passend zuschneiden, damit es auf Seite 10 und 13 im Mitmach-Krimi passt.), verschiedene Pinsel, Wasserfarben, Becher und Malkittel, ein Strohhalm
- ein Faden (blaue Wolle)
- Kartoffeln, Messer, Ausstechformen, Farbe (Kartoffeldruck!)

Mitmach-Krimi: Das gruselige Haus

Geschichte: Durch die Einbindung von unheimlichen Geräuschen und durch die Entdeckung einer alten Uhr wird eine mysteriöse Atmosphäre geschaffen. Zwei Kinder begeben sich als mutige Detektivkinder auf die Suche nach dem Ursprung eines seltsamen Geräuschs. Was sie bei ihrer Suche entdecken, ist jedoch gar nicht unheimlich, sondern niedlich und flauschig.

Kopiervorlagen:

Da auch die feinmotorischen Fähigkeiten „Schneiden und Kleben“ gefördert werden sollen, gibt es zu jedem Mitmach-Krimi einige Kopiervorlagen, aus denen Inhalte ausgeschnitten und in das Mitmach-Krimi-Büchlein geklebt werden können. Bei Bedarf können die Kopiervorlagen für die Bastelidee von der Lehrkraft am Kopierer vergrößert werden.

- Kopiervorlage 1: Anna und Malte **(KV 1)**
- Kopiervorlage 2: Gespenst **(KV 2)**
- Kopiervorlage 3: Puzzle: Standuhr **(KV 3)**
- Kopiervorlage 4: Vorlage: Hampelkatze **(KV 4)**
- Kopiervorlage 5: Bastelanleitung: Hampelkatze **(KV 5)**
- Kopiervorlage 6: Kamin **(KV 6)**

Zusätzliche Materialien:

Folgende zusätzliche Materialien werden für die weitere Arbeit mit dem Mitmach-Krimi „Das gruselige Haus“ benötigt:

- Schere, Kleber, Buntstifte, Bleistift, ein Blatt Papier
- Karton oder Tonkarton (Format DIN A4)
- Musterklammern, ein Locheisen, ein Stück Schnur

Detektivkindausweis

von: ____________________

Bearbeite nacheinander alle Mitmach-Krimis. Bist du ein erfolgreiches Detektivkind?

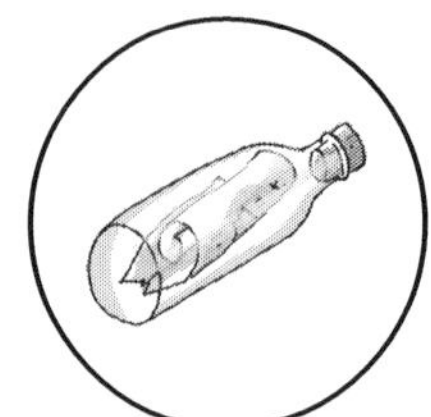
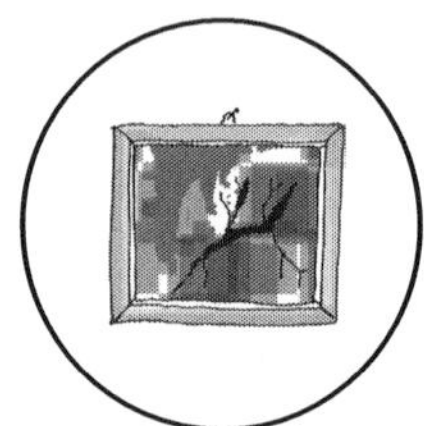

Detektivkindausweis

von: ____________________

Bearbeite nacheinander alle Mitmach-Krimis. Bist du ein erfolgreiches Detektivkind?

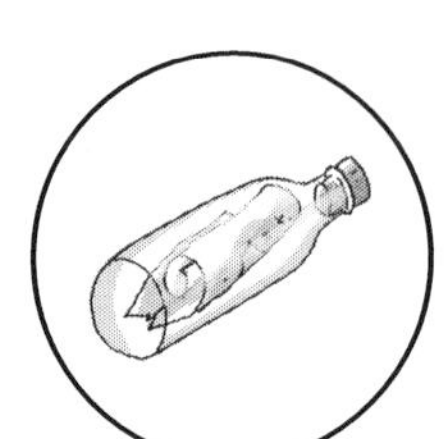

Detektivkindausweis

von: ____________________

Bearbeite nacheinander alle Mitmach-Krimis. Bist du ein erfolgreiches Detektivkind?

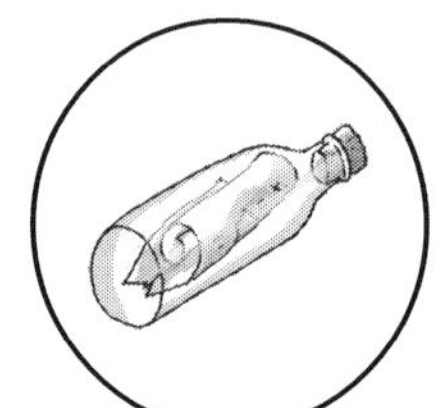
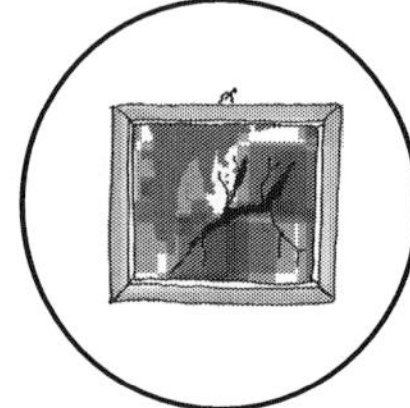

Detektivkindausweis

von: ____________________

Bearbeite nacheinander alle Mitmach-Krimis. Bist du ein erfolgreiches Detektivkind?

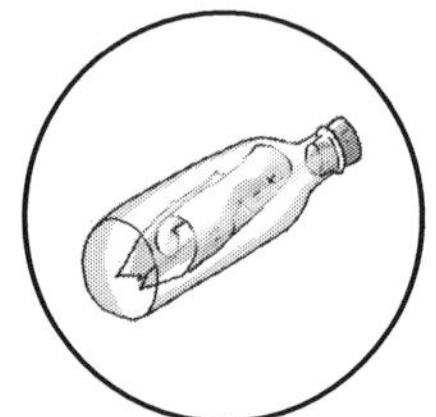
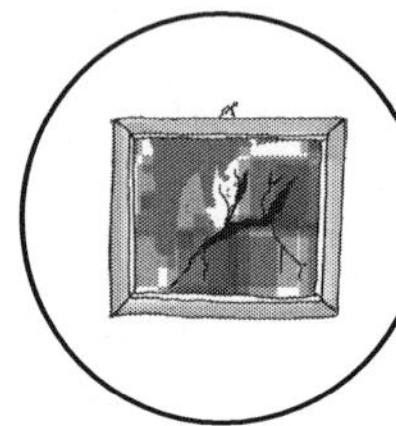

Detektivkindurkunde

---

hat alle Mitmach-Krimis erfolgreich gelesen und bearbeitet und wird hiermit offiziell zum Detektivkind ernannt.

Wo ist Ferkel Fred?

 Suche deinen Anfangsbuchstaben in Zeitungen.

  Schneide ihn mehrmals aus. Klebe ihn hier auf.

HALLO ... Wer bist denn du?

Ich bin: ____________________

Ich bin dein Mitmach-Buch!

Du kannst hier lesen , malen , schreiben , schneiden  und kleben .

Wir gehen mit Tom und Lisa zu Oma und Opa.

Das wird spannend.

Kommst du mit?

☐ ja ☐ nein

2

Halt! Stopp! Da fehlt doch etwas!

Hole dir etwas zum Schreiben .

Einen ______________________________.

Und zum Schneiden . Eine ______________________________.

Und zum Kleben . Einen ______________________________.

Und zum Malen . Ein paar ______________________________.

Was hast du alles geholt? Male.

3

Ich möchte noch mehr von dir wissen.

Wie alt bist du?

____

In welche Klasse gehst du?

____

Wie heißen deine Eltern?

____

Hast du Geschwister?

☐ ja ☐ nein

Stempel hier deinen Daumenabdruck hin.

4

Jetzt geht es los. Das sind Lisa und Tom.

Sie sind sechs und acht Jahre alt.

Tom hat braune Haare und Lisa ist blond. Lisa trägt gern grüne und gelbe Klamotten. Tom mag blau und orange.

 Male an.

5

 Schneide die Kleidung von **KV 1** und **KV 2** aus.

  Male sie an und klebe sie den Kindern auf.

6

Lisa und Tom haben Ferien. Sie sind bei Oma und Opa auf dem Bauernhof. Er steht an einem Wald. Hier gibt es viele Tiere.

 Fahre nach. Welcher Weg führt ohne Hindernisse zum Hof?

7

Lisa und Tom sind in der Küche. Oma backt einen Kuchen.

Schau mal. Da liegt ein Maisblatt auf dem Boden.

Opa kommt und sagt: „Ferkel Fred ist weg!“

Tom und Lisa sind traurig. Sie wollen Fred finden.

Finde acht Unterschiede. Kreise ein.

8

Lisa kann schon Lesen und Schreiben. Sie holt ihr Detektivheft.

Detektive schreiben und malen auf, was sie sehen.

Opa hat Fred vor zwei Stunden im Stall gesehen.

  Was schreibt oder malt Lisa in ihr Heft?

9

Lisa und Tom gehen mit Oma und Opa in den Stall.

Sie suchen Fred. Sie suchen im Heu.

Sie suchen hinter der Truhe. Aber kein Fred.

Da sehen sie etwas. Du auch?

 Kreise ein.

10

Richtig! In der Wand ist ein Loch. Sie schauen durch.

Sie sehen ein Beet mit Salat und Bohnen.

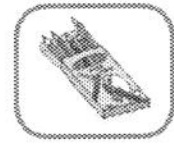 Lisa malt in ihr Heft, was sie sieht.

Schnell rennen sie hinter den Stall.

11

Oh nein! Tom und Lisa erschrecken. Das Beet wird immer von Gustav Gans bewacht. Er zwickt.

  Nimm ein Papier und ein Stäbchen. Bastle einen Besen und vertreibe Gustav vom Beet.

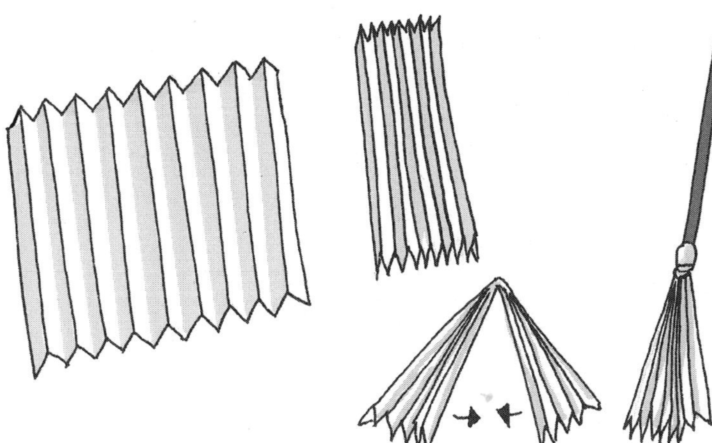

Im Beet sehen die Kinder Spuren. Ist hier Fred gelaufen?

12

Sie suchen weiter. Auf einmal hören die Spuren auf.

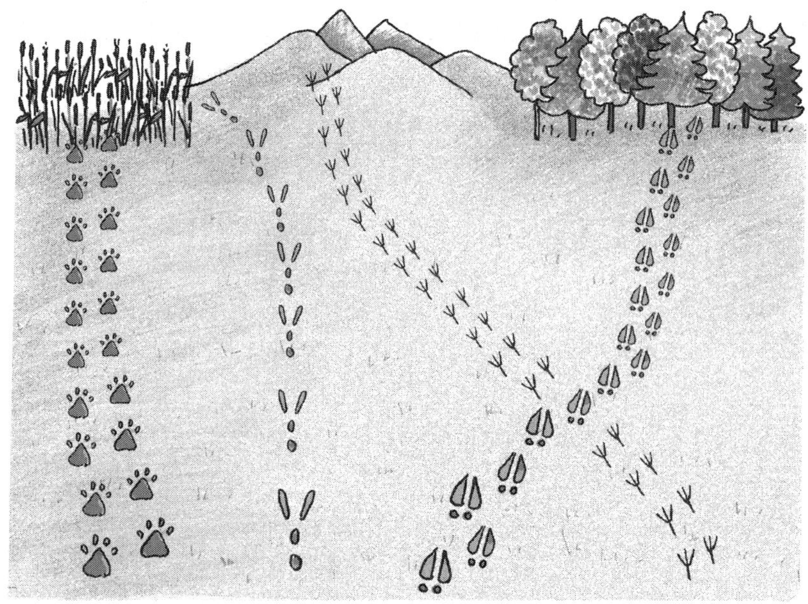

„Ich weiß, wo Fred entlang ist“, ruft Tom.

Weißt du es auch?

 Fahre Freds Weg nach.

13

Ja, Fred ist in den Wald gegangen.

Die Bäume stehen eng zusammen.

Es ist dunkel. Man sieht kaum etwas.

 Male das Bild grau an. So siehst du Tom und Lisa kaum noch.

14

Mutig gehen sie weiter.

Plötzlich sehen sie Spuren auf dem Boden. Die Spuren sind von Fred.

Sie führen aus dem Wald heraus.

 Fahre Freds Spuren und die Hügel mit fünf Farben nach.

15

Oh nein, und jetzt? Hier ist nur Mais.

Wo ist Ferkel Fred nur entlanggegangen?

Da sieht Lisa etwas. Du auch?

 Kreise ein.

16

Ja, da im Mais sind Pflanzen umgeknickt. Hier ist Fred entlang.

Tom sieht etwas. Du auch?

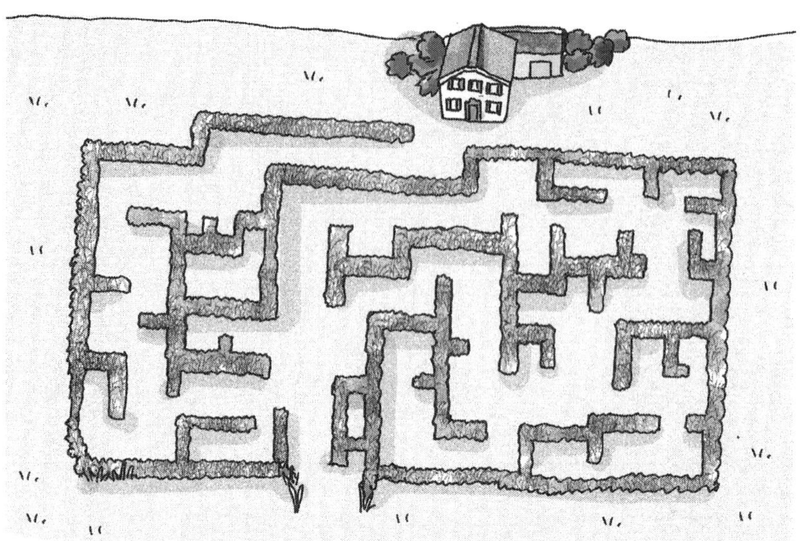

Richtig! Fred hat auf seinem Weg den Mais umgeknickt.

Komm, wir folgen ihm.

 Folge Fred durch den Mais zum Bauernhof.

17

Ihr habt es aus dem Maisfeld geschafft. Toll!

Lisa hat alle Stationen, wo Fred war, in ihr Heft gemalt. Aber alles ist durcheinander. Kannst du ihnen helfen? Wo war Fred bisher?

 Ordne die Bilder und schreibe Nummern in die Kreise (1., 2., …).

18

Da fällt den Kindern etwas ein. Sie wissen, wo Fred auch war.

Hast du eine Idee?

Was lag auf dem Boden, als Oma einen Kuchen backen wollte?

Schau bei Oma in der Küche nach.

  Male oder schreibe es auf.

19

Schnell rennen sie in die Küche.

Da fällt ihnen etwas auf.

Sie müssen lachen: „Wir wissen, wo Fred ist. Er hatte Hunger!“

 Male die offene Tür braun an.

20

Sie gehen durch die Tür. Hier hat Oma alle Vorräte.

Und da sitzt Fred. Er frisst fröhlich.

Lisa und Tom rennen zu Fred. Sie streicheln ihn.

Sie sind froh und stolz. Sie haben das Rätsel gelöst und Fred gefunden.

 Was gehört in welches Fach? Verbinde.

21

Die Detektive waren erfolgreich. Du hast mitgeholfen. Fred ist wieder da.

Du willst nicht, dass es vorbei ist? Nimm ein Stempelkissen.

Kannst du mit deinen Fingern ein Bild von Fred und den Kindern stempeln?

Mit **KV 3** und **KV 4** kannst du dir einen eigenen Stall basteln.

22

Kopiervorlage 1: Kleidung für Lisa (KV 1)

Male Lisas Kleidung an. Schneide sie aus. Klebe sie in dein Mitmach-Buch.

Kopiervorlage 2: Kleidung für Tom (KV 2)

  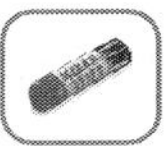

Male Toms Kleidung an. Schneide sie aus. Klebe sie in dein Mitmach-Buch.

Kopiervorlage 3: Motive für den Stall (KV 3)

   Male die Bilder an. Schneide sie aus und klebe sie in den Stall.

Kopiervorlage 4: leerer Stall (KV 4)

 Male den Stall farbig an.

 Klebe die Bilder zum Stall hier auf.

Die Schatzsuche

   Suche die Buchstaben deines Namens in Zeitungen.

Schneide sie aus. Klebe deinen Namen hier auf.

HALLO! Wie schön, dass du da bist!

Stell dich doch einmal vor.

 Schreibe hier deinen Namen auf.

Ich bin dein Mitmach-Buch.

Gib mir doch auch einen Namen.

Wir gehen heute mit Nora und Ben auf eine Insel.

Es wird spannend. Ein Abenteuer wartet.

Kommst du mit?

☐ ja ☐ nein

2

Nora und Ben sind mit Mama und Papa im Urlaub auf einer Insel.

Es regnet viel. Nora ist langweilig. Sie malt auf einen Zettel.

 Fahre die Linien nach. Nimm fünf Farben.

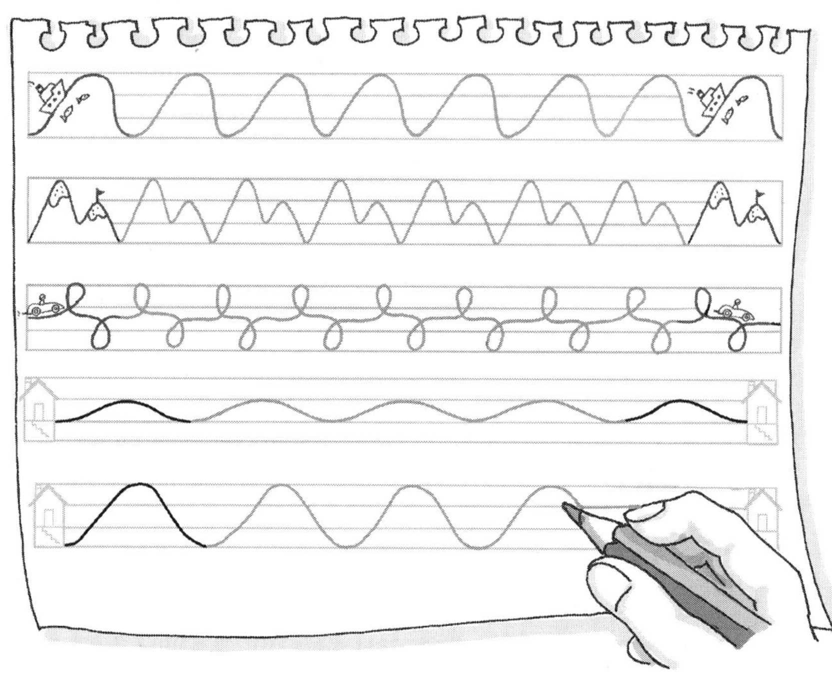

3

Endlich hört es auf zu regnen. Nora und Ben rennen schnell an den Strand. Es ist Ebbe. Da ist das Wasser weit weg. Man kann im Watt laufen. Die Kinder sehen eine Krabbe.

 Sie wollen zu ihr laufen. Hilf ihnen.

4

Die Kinder wollen Muscheln sammeln. Sie haben eine Tüte dabei.

Aber es ist so viel Müll am Strand.

Der schadet der Umwelt. Sie sammeln ihn ein.

 Kreise den Müll ein.

5

Ben tritt auf etwas Hartes. Er gräbt es aus.

Es ist eine Flasche.  Male die Flasche ins Bild.

 Da ist etwas in der Flasche. Was ist das wohl?

____

6

In der Flasche ist eine Schatzkarte. Die Kinder schauen sie an.

Das sieht nach ihrer Insel aus.

Da ist ein Kreuz auf der Karte. Sie kennen den Ort.

Er ist in der Nähe.

  Schneide die Karte von **KV 1** aus und klebe sie hier ein.

7

Was ist das? Hier steht etwas auf der Karte.

Unten steht ganz klein: „Hilfe! Ich stecke hier fest.“

Ben und Nora wollen helfen. Sie rennen zum Kreuz auf der Karte.

 Fahre den Weg nach, den sie gerannt sind.

8

Nun sind sie beim großen Baum. Und jetzt? Die Kinder suchen.

In einer Spalte finden sie eine kleine Kiste und einen Zettel.

Die Kiste hat ein Schloss mit Zahlen.

Auf dem Zettel steht:

Thca: ______________

Snie: ______________

Ierd: ______________

Kannst du den Code lösen? Es sind Zahlen.

Super! Die Kiste springt auf.

9

In der Kiste finden die Kinder zwei Tipps.

  Schneide die beiden Tipps von **KV 2** aus und klebe sie hier auf.

Hast du eine Idee, was die Tipps bedeuten?

____

10

Nora versteht die Tipps. Sie ruft: „Ich weiß, wo wir hinmüssen.“

Sie rennt los.

Ben rennt einfach hinterher.

Er weiß nicht, was Nora gesehen hat. Weißt du es?

 Kreise ein.

11

Der Tipp sagte Nora: Sie sind richtig am Baum.

Von hier aus sah sie eine Höhle. Dorthin sind sie nun gerannt.

Mitmach-Buch

Genau!

Ist hier jemand, der Hilfe braucht?

Es ist dunkel in der Höhle. Sie können nichts sehen.

Hilf Nora und Ben. Bastle eine Laterne für Licht.

  Schneide **KV 3** aus. Male sie an. Falte die Laterne.

12

Danke dir!

Mit der Laterne gehen sie jetzt in die Höhle.

Nun können sie etwas sehen.

  Schau genau. Finde sechs Unterschiede und kreise ein.

Da hören sie plötzlich ein Husten. Sie leuchten dorthin.

13

Im Licht sehen sie: Auf dem Boden sitzt ein Junge. Er hat sich weh getan.

 Male ihm einen Verband oder ein Pflaster.

Ben fragt: „Können wir helfen? Was ist passiert?“

14

Der Junge sagt: „Ich war auf Schatzsuche. Ich bin einer Karte gefolgt. Die war in einer Flaschenpost.

Zuerst habe ich eine ________________ in einem Baumspalt gefunden.

Ich habe sie zurückgelegt. Darin waren zwei ______________________.

Ich bin ihnen gefolgt und zur __________________ gelaufen."

Schreibe die passenden Wörter in den Text. Dann weißt du, was passiert ist.

Tipps **Höhle** **Kiste**

15

Der Junge erzählt weiter: „Aber hier bin ich gestürzt. Ich konnte nicht mehr laufen.

Dann kam die Flut. Überall war Wasser.

Ich konnte etwas auf die Karte schreiben und um Hilfe bitten."

Male hier die Flut in der Höhle. Nimm Blautöne für das Meer.

16

„Ich habe die Flasche mit der Nachricht auf der Karte ins Wasser geworfen. Dann ging das Wasser weg. Es kam die Ebbe."

Knicke die Ecke nach oben. Dann verschwindet die Flasche im Wasser.

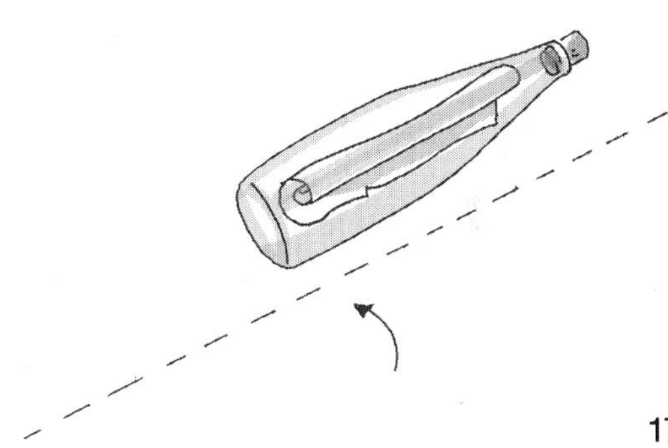

17

Der Junge sagt: „Ich hoffte, dass jemand die Flasche findet und mich sucht. Toll, dass ihr mich gefunden habt."

Du kannst bestimmt auch super suchen.

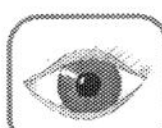  Findest du fünf Flaschen in diesem Bild?

18

Die Kinder schauen sich an.

Ist das spannend. Ein fremder Junge braucht ihre Hilfe.

Ein verlorener Schatz. Sie sind ganz aufgeregt.

 Male aufgeregte Gesichter.

19

„Wir holen Hilfe", sagt Ben schnell.

Nora nickt: „Unsere Eltern wissen bestimmt, was zu tun ist."

Die beiden rennen aus der Höhle.

Zum Glück ist ihr Haus ganz in der Nähe.

20

Aufgeregt erzählen Nora und Ben von dem Jungen in der Höhle.

Papa ruft schnell den Arzt an. Er kommt mit und hilft dem Jungen.

 Male passend an.

Der Weg ist grau. Das Haus hat ein rotes Dach.

Mama ist blond. Papa hat einen Bart.

21

Der Junge ist gerettet. Zusammen suchen sie jetzt den Schatz.

Er muss hier in der Höhle sein. Da, die Kinder haben ihn gefunden, das Rätsel ist gelöst.

 Kannst du den Schatz sehen? Kreise ein.

Du willst nicht, dass es vorbei ist?

Auf jeder Seite ist ein Diamant versteckt.

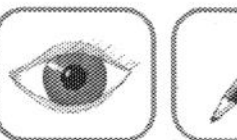 Suche alle Diamanten. Male sie in deiner Lieblingsfarbe an.

Mit **KV 4** und **KV 5** kannst du selbst eine Höhle basteln.

22

Kopiervorlage 1: Schatzkarte (KV 1)

Kopiervorlage 2: Tipps (KV 2)

Kopiervorlage 3: Bastelvorlage: Laterne (KV 3)

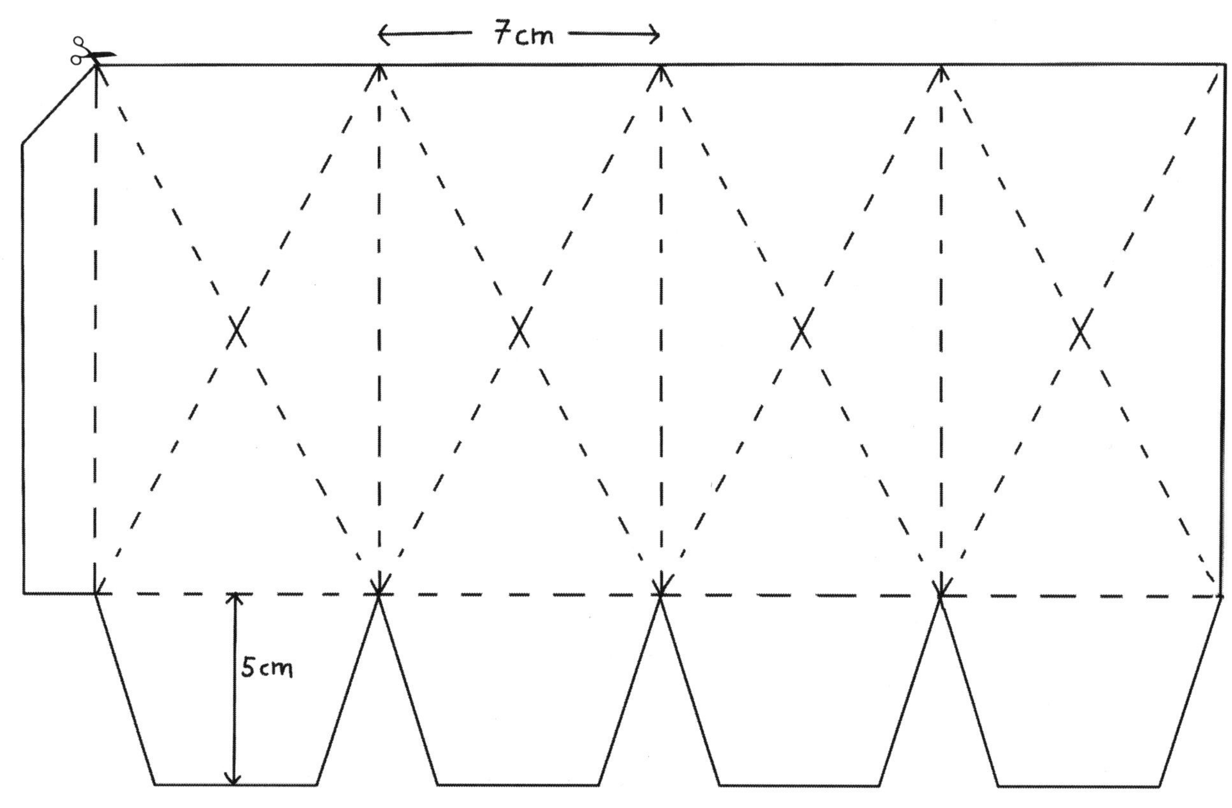

Kopiervorlage 4: Höhle aus Schuhkarton (KV 4)

Du brauchst:

- einen Schuhkarton, Schere und Kleber
- Buntstifte, Filzstifte oder andere Farben
- Knickfiguren (Kopiervorlage 5)
- Steine, Stöcke

Bastle die Höhle in einem Schuhkarton nach. Male ihn innen dunkel an. Male die Knickfiguren an und schneide sie aus. Klebe sie zusammen mit Steinen und Stöcken in die Höhle.

Kopiervorlage 5: Knickfiguren (KV 5)

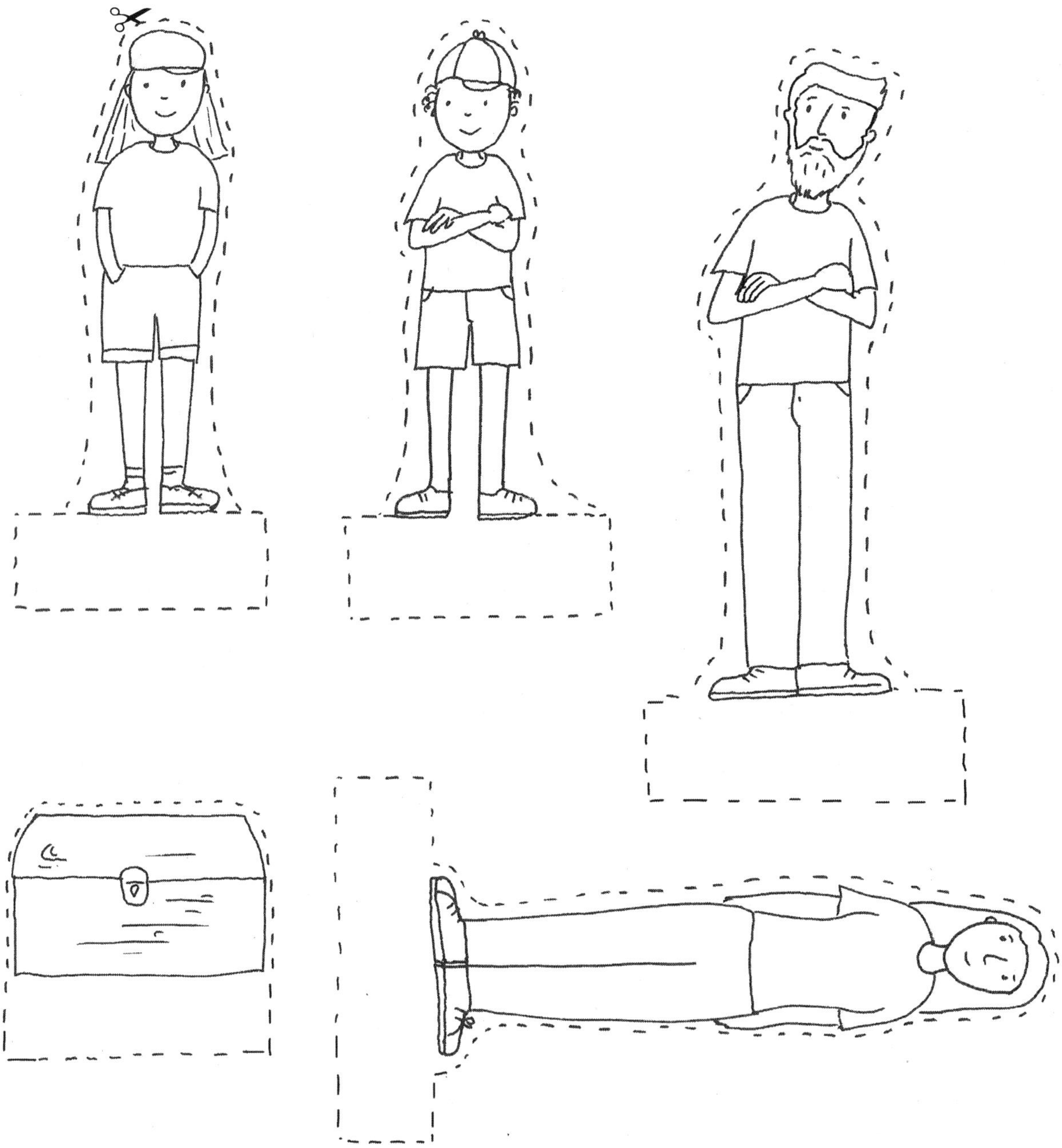

Das zerstörte Bild

Schreibe deinen Namen auf.

Schreibe ihn groß: ______________________________

Schreibe ihn klein: ______________________________

Kannst du ihn auch rückwärts schreiben?

____

Toll!

HALLO ____________________

Wie geht es dir heute? Male an.

Ich gehe heute in die Schule. Zu Emma und Ali.

Sie müssen einen kniffligen Fall lösen.

Sie arbeiten wie Detektive.

Kommst du mit?

☐ ja ☐ nein

2

Die Klasse 2a hat gemeinsam ein großes Bild gemalt.

Jeder hat mitgemacht. Es sieht schön aus.

Heute machen sie ein Fest.

Sie wollen den Eltern das Bild zeigen.

 Was brauchen die Kinder für das Fest? Kreise ein.

3

„Waaaas?", rufen die Kinder plötzlich laut.

Sie sind traurig. Sie sind wütend.

Ihr großes Bild ist kaputt. Es hat Risse.

Frische Farbe läuft über das Bild und auf den Boden.

 Wie geht es dir, wenn du wütend bist?

____

____

____

Nimm dir ein
Papier und zerknülle es.
Zerreiße es. Gut! Jetzt ist
die Wut draußen.

4

Schau mal. Auf dem Bild sind viele Risse.

 Fahre sie mit drei Farben nach.

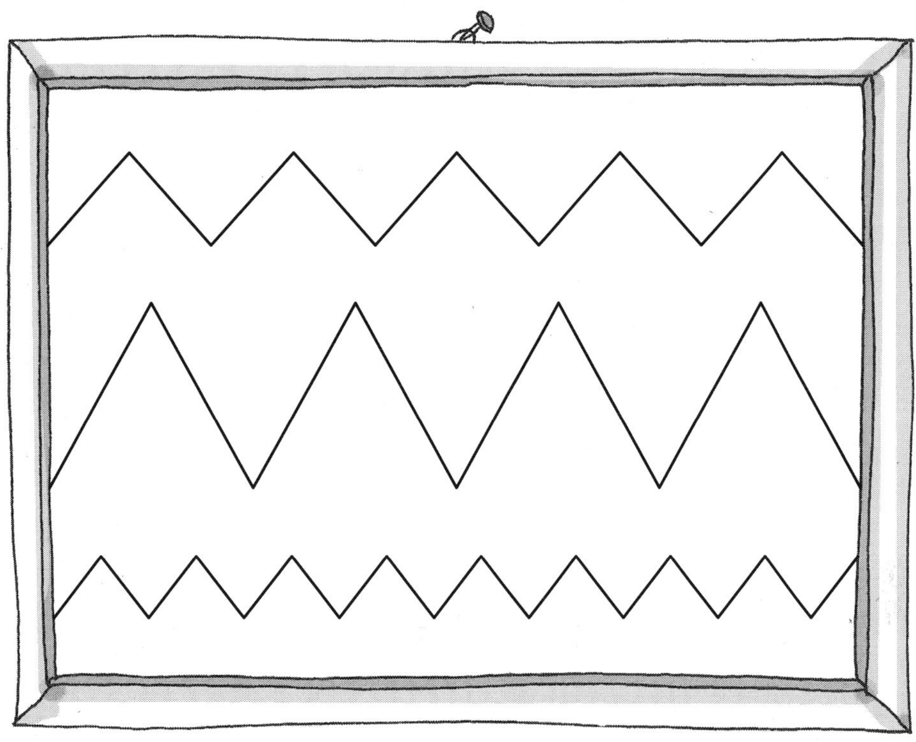

5

Auf dem Bild sind auch viele Farbflecken.

  Nimm deine Buntstifte oder Wasserfarben und male Flecken und Punkte auf das Bild. Du kannst auch mit einem Pinsel spritzen.

6

Emma und Ali wollen den Täter finden.

Sie schauen sich alles genau an.

Die Farbe ist noch nicht trocken.

Der Täter war also gerade erst da.

  Suche die gleichen Farbkleckse und male sie in der gleichen Farbe an.

7

Die beiden Kinder suchen im Schulhaus nach Spuren.

Sie finden einen Pinsel und frische Farbe.

Der Täter war hier. Auf dem Boden sehen sie Spuren.

 Fahre die Spuren mit drei Farben nach.

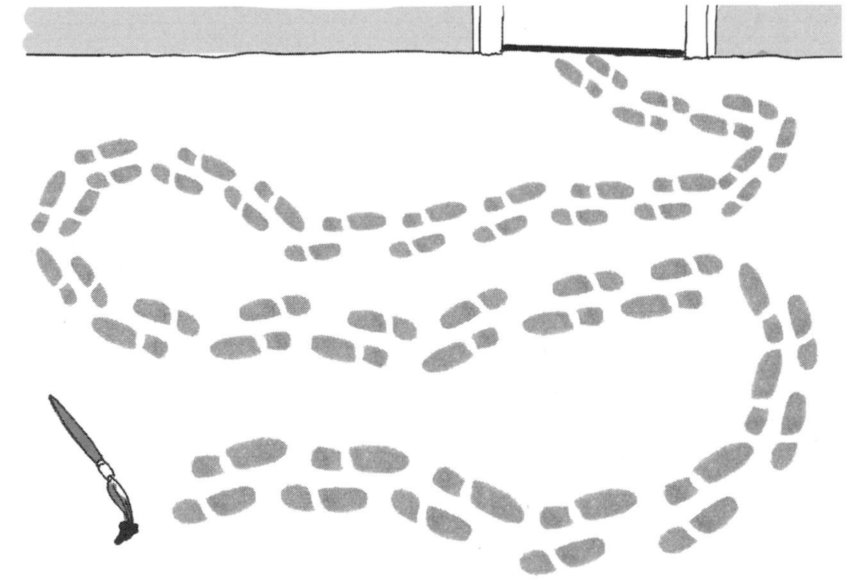

8

Sie gehen den Spuren nach.

Auf den Pausenhof, dann in die Turnhalle.

Hier war der Täter auch.

Ali und Emma finden einen halben Apfel neben einem Farbeimer.

Der Täter hat hier gegessen.

Hast du schon einmal mit einem Apfel gestempelt?

Oder mit einer Kartoffel?

☐ ja ☐ nein

9

Hole dir eine Kartoffel.

Halbiere sie. Steche eine Form aus. Stemple auf ein Papier.

 Klebe deinen Kartoffeldruck hier über die Anleitung.

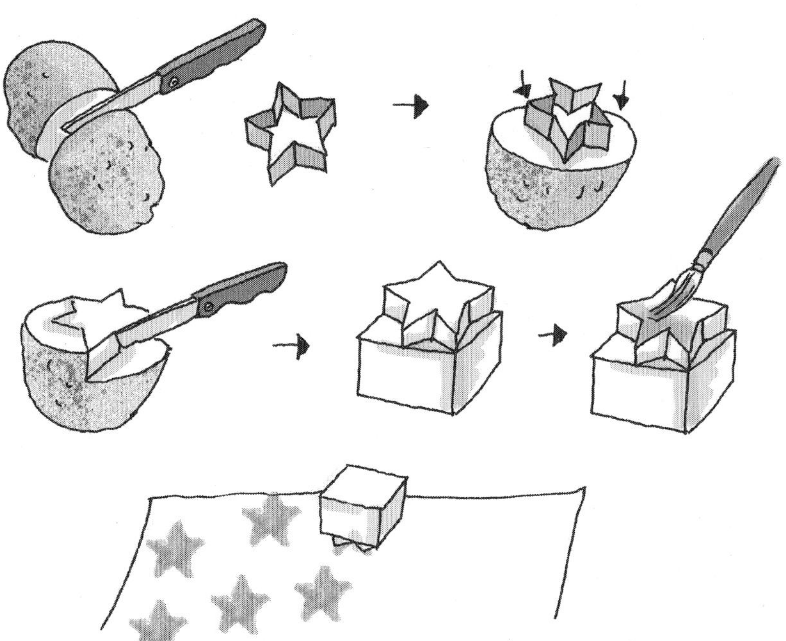

10

Sie folgen den Spuren weiter. Da!

Die Spur führt zu einer Tür.

Die Tür führt in den Keller.

 Male die Tür blau an.

Die Spuren sind braun.

Male bunte Farbkleckse rund um den Türgriff.

11

Da unten ist es dunkel.

Emma und Ali schauen sich an. Was sollen sie machen?

Emma macht erst einmal das Licht an.

 Schneide **KV 1** aus und klebe hier ein.

 Male das Licht gelb an und male Lichtstrahlen.

12

Jetzt ist es hell. Sie gehen in den Keller.

Dort unten sind viele Pinsel. Hier sind auch Eimer mit Farbe.

  Hole dir ein Blatt Papier, ein Glas Wasser, einen Strohhalm und deinen Farbkasten mit Pinseln.

Rühre die Farbe mit viel Wasser kräftig an.

Tupfe Kleckse auf das Blatt und puste mit dem Strohhalm hinein. Lass dein Bild gut trocknen und klebe es hier über den Text.

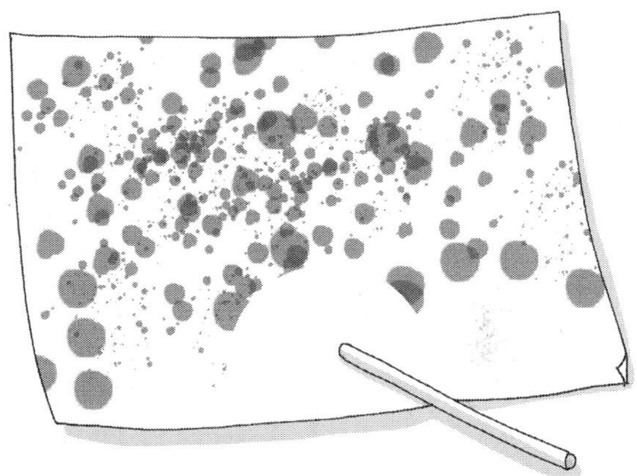

13

Emma findet auf einem Farbeimer einen Wollfaden.

Er kommt von einem blauen Pullover.

Emma erklärt: „Der Täter trägt einen blauen Pullover!"

 Klebe hier ein Stück blaue Wolle auf.

TIPP: Nimm deinen Wasserfarbkasten und ein Stück Wollfaden. Rühre eine Farbe kräftig mit viel Wasser an. Bestreiche den Faden mit der Farbe. Ziehe ihn über ein Blatt Papier.

14

Schnell gehen Emma und Ali auf den Pausenhof.

Sie schauen sich alle Kinder genau an.

Wer trägt einen blauen Pullover?

 Tipp: Er trägt auch eine Brille.

 Kreise ein, wen du als Täter vermutest.

15

Du möchtest den Täter sehen?

 Schneide das Puzzle von **KV 2** aus. Klebe es hier auf.

Das ist der Täter!

16

Jetzt wissen sie es. Ein Junge aus der Klasse 2b.

Er hat einen blauen Pullover an.

Und er hatte Streit mit ein paar Kindern aus der Klasse 2a.

Hattest du schon einmal Streit?

Schreibe davon:

____

____

____

____

____

____

17

Aber Tim, der Junge mit dem blauen Pullover, sagt:

„Nein! Ich war das nicht!"

Emma und Ali geben nicht auf.

Es fällt ihnen etwas an Tims Rucksack auf. Dir auch?

 Kreise ein, was dir auffällt.

18

Genau! Auf dem Rucksack ist frische Farbe.

Sie hören sich um. Sie fragen die anderen Kinder.

Die Kinder haben Tim vor dem Zimmer mit dem Bild gesehen.

 Folge Tims Schleich-Spur. Fahre sie nach.

19

Emma ruft:

Was ruft Emma noch?  Schreibe auf.

20

Tim gibt es zu. Er war es. Er weint.

Tim hatte Streit mit den Jungen aus der Klasse. Sie haben gemeine Sachen zu ihm gesagt. Er wollte sich rächen.

 Was haben sie wohl zu Tim gesagt?

21

Tim bereut es sehr. Er entschuldigt sich bei der ganzen Klasse.

Auch den Jungen aus Emmas Klasse tut der Streit sehr leid.

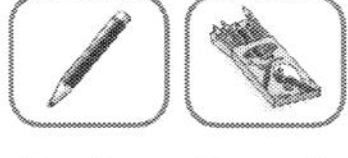 Male ein großes Herz auf.

Schreibe Versöhnungsworte in das Herz.

Was sagt Tim? Was sagen die Jungen?

22

Alle versöhnen sich. Der Fall hat ein gutes Ende.

Tim hilft mit, das Bild zu reparieren.

Jetzt ist es fast noch schöner als vorher. Nun können alle zusammen das Fest mit den Eltern feiern.

 Male ein Bild in den Rahmen.

23

Hast du auch Lust, ein Bild mit deiner ganzen Klasse zu malen?

 Male **KV 3** an.

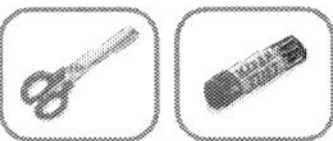 Schneide dein Bild aus. Klebe es mit den Bildern deiner Mitschüler zu einem großen Bild zusammen.

Hängt euer Bild im Klassenzimmer auf.

Schaut euch an, was ihr gemeinsam geschafft habt.

24

Kopiervorlage 1: Glühbirne (KV 1)

Kopiervorlage 2: Puzzle: Tim (KV 2)

  Schneide das Puzzle aus. Klebe es in dein Mitmach-Buch.

Kopiervorlage 3: Gemeinschaftsbild (KV 3)

Hinweise für die Lehrkraft:

Die einzelnen Bilder der Kinder können zu einem großen Gemeinschaftsbild zusammengefügt werden. Dazu werden sie auf einen großen Tonkarton bündig nebeneinander aufgeklebt. Und damit dies auch optisch gelingt, fügt sich ein Halbkreis des einen mit dem Halbkreis des anderen Bildes zu einem ganzen Kreis zusammen und verbindet so zwei Bilder miteinander.

- Jedes Einzelbild sollte in deckenden und leuchtenden Farben ausgemalt werden. Es empfiehlt sich, mit Bunt- und Filzstiften sowie Wachsmalkreiden zu arbeiten.
- Die Kinder können ergänzend Linien, Kreise und weitere Muster mit einem Permanentstift oder schwarzem Filzstift einfügen.
- Wenn die Kinder wollen, dürfen sie ihrem Bild ein Thema geben (z. B. Weltall, Bälle etc.).
- Die Vorlage kann aber auch so genutzt werden, dass die Kreise als „Rahmen" genutzt werden (z. B. für Urlaubsimpressionen, Lieblingsessen, Lieblingssportarten etc.)
- Jedes Bild kann individuell gestaltet werden.

Ich wünsche viel Freude mit dieser ergänzenden Unterrichtsidee und viele beeindruckte Gesichter bei der Betrachtung des fertigen Gemeinschaftsbildes.

Welche Buchstaben kommen in deinem Namen vor?

 Kreise ein.

A B C D E F G H I J K L M N O

P Q R S T U V W X Y Z

 Schreibe deinen Namen hier auf:

____

HALLO ____________________.

Ich bin dein Mitmach-Buch.

Schau dir dieses gruselige alte Haus an.

Anna und Malte ziehen mit ihrer Mama dort ein.

 Das Dach ist rot. Die Fensterläden sind grün.

Die Tür ist braun. Es gibt einen alten Gartenzaun.

Komm doch mal mit!

2

Anna, Malte und Mama sind umgezogen.

Es ist ein altes und großes Haus.

Die Kinder müssen sich erst einmal zurechtfinden.

 Finde den Weg durch das Haus.

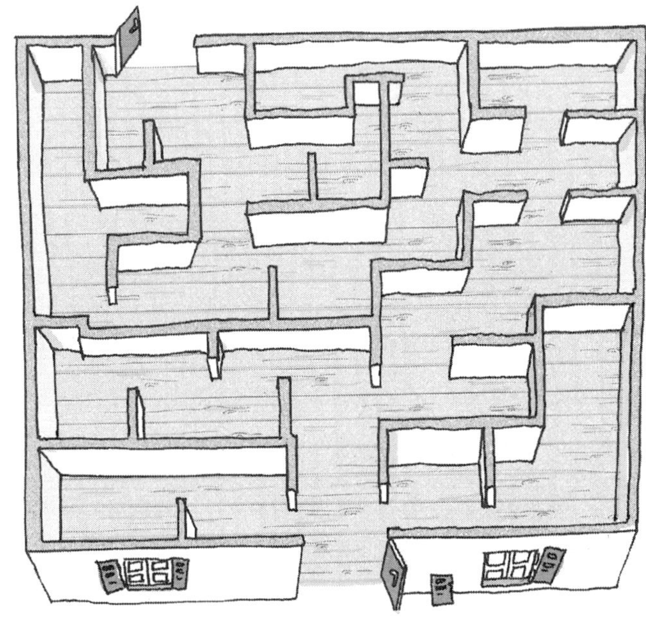

3

Der Boden knarrt, als die Kinder in ihr neues Zimmer gehen.

Sie packen den Koffer aus. Dann gehen sie ins Wohnzimmer zu Mama.

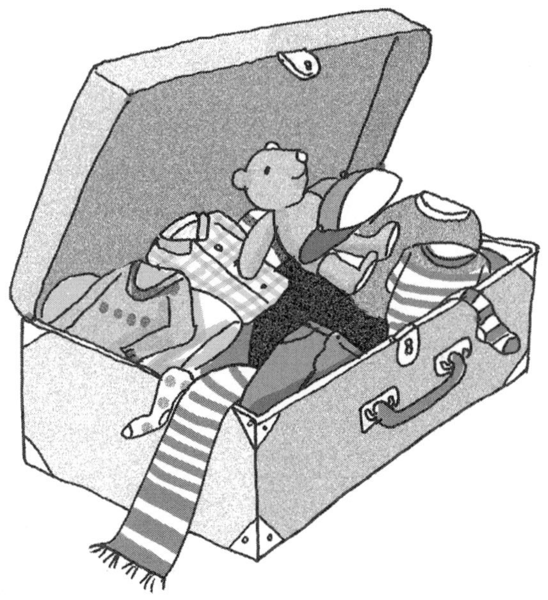

Findest du fünf Unterschiede? Kreise ein.

4

Mama sitzt am Kamin.

Sie liest den Kindern aus einem Buch vor.

  Schneide Anna und Malte von **KV 1** aus und klebe sie neben Mama auf das Sofa. Male sie an.

5

Da hören sie von oben ein Geräusch. Was ist das? Ist da oben jemand? Ist das ein Gespenst? Mama sagt: „Das ist nur der Wind. Der pfeift durch das alte Haus."

  Malte stellt sich ein gruseliges Gespenst vor. Schneide es von **KV 2** aus und klebe es hier ein.

6

Die Kinder haben Angst. Doch sie wollen mutig sein.

Sie wollen das Geheimnis lösen.

Sie suchen ihre Taschenlampen und gehen auf den Dachboden.

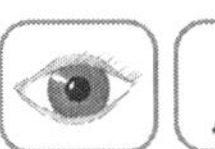 Siehst du die Taschenlampen? Kreise sie ein.

7

Die Treppe zum Dachboden knarrt noch lauter als der alte Holzboden.

Sie sehen dunkle Schatten in den Ecken.

Anna sieht einen Teddy im Schein der Taschenlampe.

Was siehst du?  Male.

8

Die Kinder gruseln sich hier etwas. Hast du auch manchmal Angst?

Wovor?

Was hilft dir? 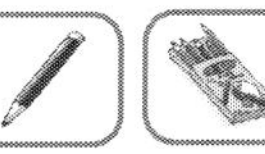 Male oder schreibe.

9

Auf dem Speicher leuchten die Kinder mit den Lampen umher.

Hier liegen Bücher, Kisten und alte Bilder.

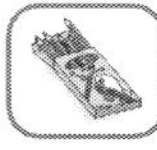 Male den Koffer braun an.

Die große Kiste ist grün. Der alte Ball und die Lampe sind gelb.

Die Leiter ist blau.

10

Da sieht Malte plötzlich etwas. Es ist riesig. Es steht in der Ecke ganz hinten im Raum. Es macht komische Geräusche.

  Schneide das Puzzle von **KV 2** aus. Klebe es hier richtig auf. Dann weißt du, was Malte sieht!

Im ersten Moment dachte Malte an ein Gespenst.

Aber es ist nur eine alte Standuhr.

Die Kinder zucken zusammen. Plötzlich rennt ein kleines graues Tier an ihnen vorbei.

Puh! Das war nur eine Maus.

Hier in deinem Mitmach-Buch hat sich auf vielen Seiten eine kleine Maus versteckt.

  Finde alle Mäuse. Kreise sie ein.

 Ich habe ______ Mäuse gefunden.

12

Nach ihrem Schreck mit der Maus gehen die Kinder zur alten Uhr.

Das Geräusch wird immer lauter. Es klackt und knallt.

Was ist das nur?

Du kannst auch einen lauten Knall machen.

Hole dir ein Blatt Papier und falte deine eigene Knalltüte.

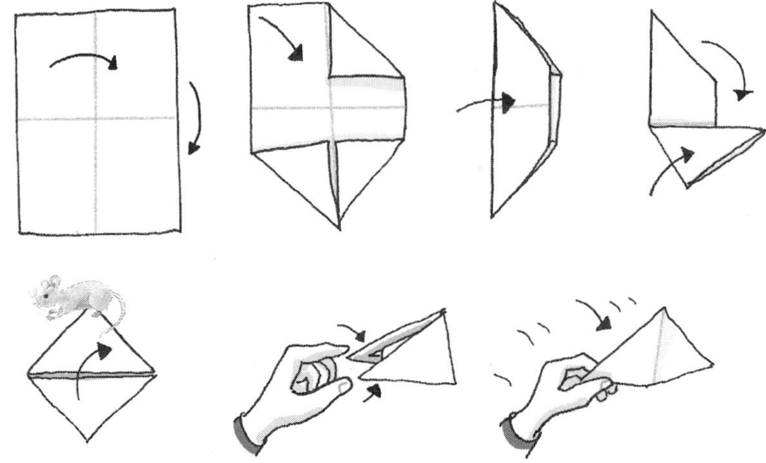

13

Da! In der Uhr steckt ein Metallstück. Wenn der Zeiger sich bewegt, macht das Metall ein lautes Geräusch.

Menschen, Tiere und Dinge machen Geräusche. Verbinde.

14

Anna und Malte ziehen das Metall heraus. Das Geräusch hört auf.

Sie müssen lachen. Hoppla!

Die Uhr geht ja wieder.

 Kannst du die Uhr schon lesen?

  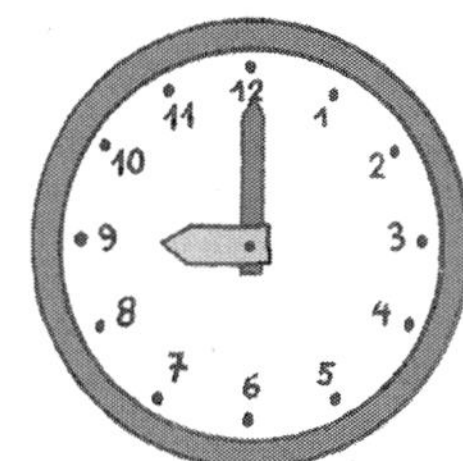 

15

Das war kein Geistergeräusch! Es war nur die Uhr.

Die beiden sind froh und erleichtert. Das Rätsel scheint gelöst.

Doch da, was ist das? Sie hören wieder etwas: „Kratz, raschel."

Emma und Ben gruseln sich sehr. Was ist denn das?

  Was denkst du? Male oder schreibe.

16

Da! Das Geräusch kommt von einem großen braunen Karton.

Oh je! Er hüpft auf und ab.

Sie haben Angst!

Was glaubst du?

Was ist in dem Karton?

 Male es.

17

Halt! Sie sind mutige Detektive. Sie wollen wissen, was in der Kiste ist.

Da hören sie etwas – ein leises „Miau".

Die Kinder schauen sich an.

Ist das eine Katze?

Sie haben nun keine Angst mehr.

Jetzt sind sie neugierig.

Vorsichtig gehen sie zu dem Karton.

 Male den Weg der Kinder zum Karton.

18

Sie nehmen allen Mut zusammen und öffnen den Karton.

Ein kleines Kätzchen schaut sie mit großen Augen an.

„Miiiiaaauuuu!“

Anna und Malte müssen lachen. Das Kätzchen ist so süß.

 Male das Kätzchen an.

19

„Was machst du denn hier?“, fragt Anna.

Sie streichelt das Kätzchen und holt es aus dem Karton.

Es schnurrt. Es fühlt sich wohl.

Die Kinder bringen das Kätzchen nach unten zu Mama.

 Sie möchten ihm einen Namen geben.

Es soll ______________________________ heißen.

Willst du auch eine Katze haben?

☐ ja ☐ nein

Bastle dir eine. Nimm dazu **KV 4** und **KV 5**.

20

Zusammen kuscheln sie sich mit dem Kätzchen vor den Kamin.

Sie bitten: „Mama, dürfen wir es behalten?“

Für heute bleibt es bei ihnen. Morgen gehen sie zum Tierarzt.

Schneide den Kamin von **KV 6** aus. Klebe ihn hier auf.

Mache es warm. Male Feuer in den Kamin.

21

Vielleicht vermisst jemand das Kätzchen?

Aber vielleicht darf es bei ihnen bleiben.

Was meinst du?

Schreibe das Ende der Geschichte hier auf.

22

Kopiervorlage 1: Anna und Malte (KV 1)

Kopiervorlage 2: Gespenst (KV 2)

Kopiervorlage 3: Puzzle: Standuhr (3)

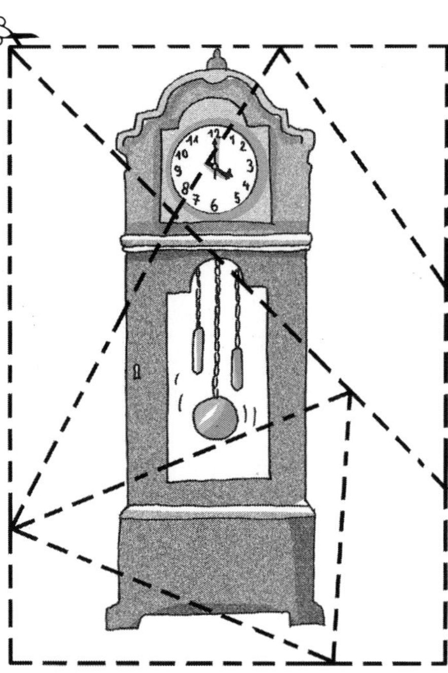

Kopiervorlage 4: Bastelvorlage: Hampelkatze (KV 4)

Kopiervorlage 5: Bastelanleitung: Hampelkatze (KV 5)

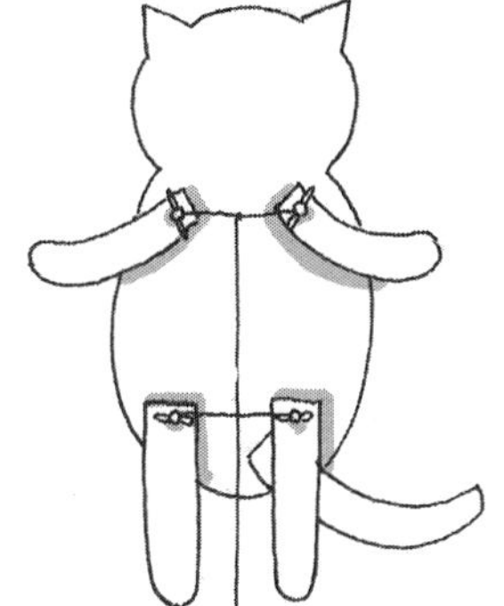

Du brauchst:

- 2 Kartons/Tonkartonseiten (DIN-A4-Größe)
- Kopiervorlage 4 (Kann von der Lehrkraft vergrößert kopiert werden.)
- Schere, Kleber
- Locheisen, Musterklammern, eine Schnur

So geht es: Deine Lehrkraft hilft dir bestimmt!

1. Klebe die *Bastelvorlage: Hampelkatze* auf einen Karton. Schneide sie aus.
2. Stanze die Löcher aus.
3. Befestige die Arme und die Beine auf der Rückseite mit Musterklammern am Körper.
4. Verbinde nun mit der Schnur die Arme sowie die Beine miteinander.
5. Binde in der Mitte der oberen gespannten Schnur einen weiteren Faden fest und führe ihn zur unteren gespannten Schnur.
6. Binde dort fest und lass das Fadenende nach unten baumeln.

Kopiervorlage 6: Kamin (KV 6)